# 1, 2, 3 im Kindergarten
# 1, 2, 3 à l'école maternelle

Susanne Böse
Isabelle Dinter

Edition
bi:libri

Heute ist ein großer Tag: Paul geht das erste Mal in den Kindergarten!
Mama packt seine Trinkflasche und die Brotzeitdose in den neuen Rucksack.
Was möchte Paul außerdem noch mitnehmen?

Aujourd'hui, c'est un grand jour : Paul va pour la première fois à l'école maternelle !
Maman met sa gourde et sa boîte à goûter dans son sac à dos tout neuf.
Et qu'est-ce que Paul voudrait aussi emporter ?

eins

un

der Rucksack

le sac à dos

die Trinkflasche

la gourde

der Teddy

le nounours

Kennst du das Spiel, das Paul und Emre hier spielen?
Immer zwei Karten gehören zusammen. Wer die meisten Paare findet, hat gewonnen. Die Zwillinge Lena und Lisa schauen neugierig zu.

Connais-tu le jeu auquel Paul et Emre sont en train de jouer ?
Il y a toujours deux cartes qui vont ensemble. Celui qui trouve le plus grand nombre de paires a gagné. Les jumelles Lena et Lisa regardent avec curiosité.

die Brille

la paire de lunettes

die Zwillinge

les jumelles

die Spielkarten

les cartes

zwei

deux

Heute ist Gemüsetag. Es gibt Karottensuppe. Drei Kinder haben Küchendienst. Eins schneidet, eins kocht, eins deckt den Tisch. Hm, das wird lecker! Wenn Mama Paul um drei Uhr abholt, muss er ihr unbedingt davon erzählen.

Aujourd'hui, c'est le jour des légumes. Il y a de la soupe aux carottes. Trois enfants sont de corvée de cuisine. L'un coupe les carottes, l'autre les cuisine et le troisième met la table. Mmm, cela va être bon ! Quand maman viendra chercher Paul à trois heures, il faudra absolument qu'il lui raconte.

3

drei

trois

die Karotten

les carottes

die Löffel

les cuillers

die Uhr

l'horloge

Die Sonne scheint so schön! Deshalb geht es nach dem Essen hinaus in den Garten. Vier Kinder möchten rutschen. Und wie viele stehen auf der Brücke? Was machen Paul und Emre?

Quel beau soleil ! Alors, après manger, tout le monde sort dans le jardin. Quatre enfants voudraient faire du toboggan. Et il y en a combien sur le pont ? Que font Paul et Emre ?

| | | | |
|---|---|---|---|
|  |  |  |  |
| der Marienkäfer | die Förmchen | der Schmetterling | vier |
| la coccinelle | les moules | le papillon | quatre |

Heute feiert Emre Geburtstag. Er bekommt eine tolle Krone. Wie alt wird er wohl? Erst singen die Kinder ein Lied. Dann schenken sie ihm fünf Murmeln. Darüber freut sich Emre sehr, denn er sammelt Murmeln.

Aujourd'hui, c'est l'anniversaire d'Emre. Il porte une magnifique couronne. Quel âge a-t-il donc ? Les enfants chantent d'abord une chanson. Puis ils lui font cadeau de cinq billes. Emre est très content car il collectionne les billes.

fünf
cinq

die Geburtstagskrone
la couronne d'anniversaire

der Geburtstagskuchen
le gâteau d'anniversaire

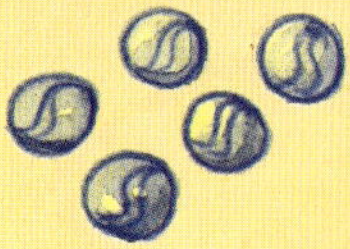

die Murmeln
les billes

Turnen macht einen Riesenspaß! Emre bewundert Pauls neues Fußballtrikot. Welche Nummer hat er? Viele Kinder laufen auf der Bank. Kannst du sie zählen? Lisa schafft die meisten Purzelbäume: sechs Stück ohne Pause!

Quand on fait de la gym, on s'amuse bien ! Emre admire le nouveau maillot de foot de Paul. Quel numéro a-t-il ? Il y a beaucoup d'enfants sur le banc. Peux-tu les compter ? C'est Lisa qui arrive à faire le plus de galipettes : six de suite !

die Bälle

les ballons

das Fußballtrikot

le maillot de foot

der Würfel

le dé

sechs

six

Die Woche hat sieben Tage. Paul kann sie aufsagen. Du auch? Maria, die Erzieherin, liest den Kindern heute „Schneewittchen“ vor. Kennst du das Märchen? Dann weißt du bestimmt, wie viele Zwerge der Prinzessin helfen.

La semaine a sept jours. Paul sait les dire. Et toi ? Aujourd’hui, Maria, la maîtresse, lit « Blanche Neige » aux enfants. Connais-tu ce conte ? Alors, tu sais certainement combien de nains viennent en aide à la princesse.

sieben

sept

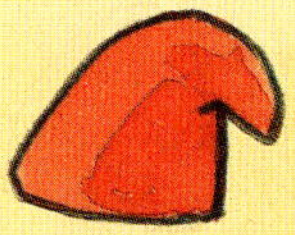

die Zwergenmütze

le bonnet de nain

das Spielzeugauto

la petite voiture

die Bauklötze

les pièces de jeu de construction

Paul liebt es, wenn die Kinder in den Wald gehen. Da gibt es viel zu entdecken. Schau, da krabbelt eine Spinne! Weißt du, wie viele Beine sie hat? Paul sucht gerne Kastanien. Die sind so wunderbar glatt.

Paul aime quand les enfants vont en forêt. Il y a beaucoup de choses à découvrir. Regarde, là, une araignée qui se promène ! Sais-tu combien de pattes elle a ? Paul aime ramasser des marrons. Ils sont si merveilleusement lisses.

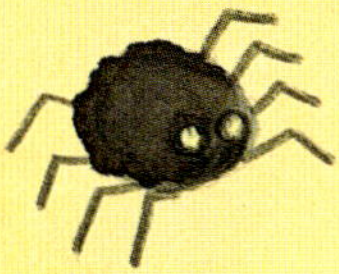

die Spinne

l'araignée

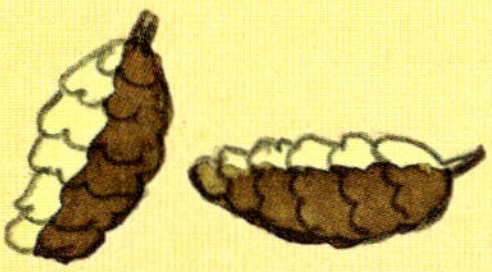

die Tannenzapfen

les pommes de pin

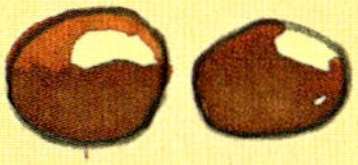

die Kastanien

les marrons

8

acht

huit

Was für ein kunterbuntes Bild Paul da malt! Wie viele Farben benutzt er? Kennst du sie schon? Lena ist Lehrerin in der Kuscheltierschule. Wie viele Schüler hat sie? Und welche Zahl lernen sie heute wohl kennen?

Quelle belle image de toutes les couleurs Paul est en train de dessiner ! Combien de couleurs utilise-t-il ? Les connais-tu déjà ? Lena est maîtresse à l'école des animaux en peluche. Combien d'élèves a-t-elle ? Et quel chiffre apprennent-ils aujourd'hui ?

neun

neuf

das Kuscheltier

l'animal en peluche

die Tafel

le tableau

die Buntstifte

les crayons de couleur

Paul und Emre kitzeln sich an den nackten Füßen. Wie viele Zehen hast du?
Und wie viele Finger? Kaisha trägt eine Perlenkette mit zehn Perlen.
Und Maria? Die hat zehn lustige Sommersprossen!

Paul et Emre se chatouillent leurs pieds nus. Combien d'orteils as-tu ?
Et combien de doigts ? Kaisha porte un collier de dix perles.
Et Maria ? Elle a dix amusantes taches de rousseur !

die Finger
les doigts

die Sommersprossen
les taches de rousseur

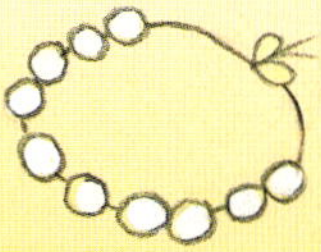

die Perlenkette
le collier de perles

10

zehn
dix

Nachts hat Paul einen lustigen Traum.
Pass genau auf: Alles ist durcheinander.
Nur eine Sache stimmt. Ahnst du, welche?

La nuit, Paul fait un drôle de rêve.
Fais bien attention : tout est dans le désordre.
Une seule chose est juste. Devines-tu laquelle ?

| 1 | 2 | 3 | 4 | 5 |
|---|---|---|---|---|
| eins | zwei | drei | vier | fünf |
| un | deux | trois | quatre | cinq |

| 6 | 7 | 8 | 9 | 10 |
|---|---|---|---|---|
| sechs | sieben | acht | neun | zehn |
| six | sept | huit | neuf | dix |

Hurra, jetzt herrscht wieder Ordnung. Du kannst alle Zahlen noch einmal entdecken. Was gibt es nur einmal? Wo stecken die 5 und die 6? Und wovon gibt es zehn?

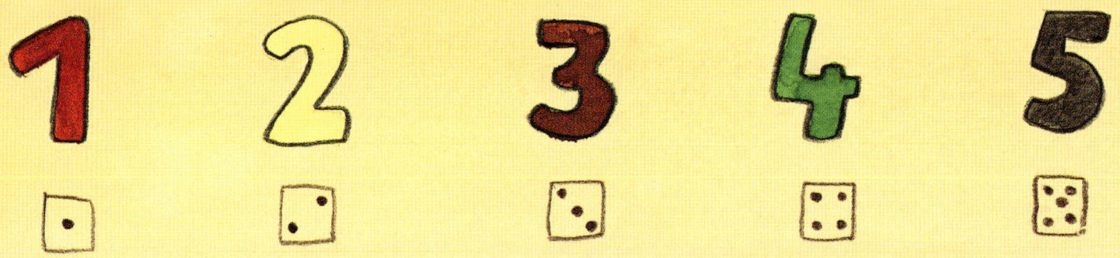

Hourra, tout est rentré dans l'ordre. Tu peux partir encore une fois à la découverte de tous les chiffres. Qu'est-ce qui n'est là qu'une fois. Où se trouvent le 5 et le 6 ? Et de quoi y a-t-il dix ?

## Habt Ihr alle Fehler in Pauls Traum gefunden?

**1:** Es gibt nur eine Kirsche statt zwei.
**2:** Die Zahl auf Pauls Trikot ist die 2, sollte aber die 6 sein.
**3:** Die Zwillinge Lisa und Lena sind in Pauls Traum Drillinge.
**4:** Emre hat vier Augen statt zwei.
**5:** Marias zehn Sommersprossen gibt es hier nur fünfmal.
**6:** Paul hält eine Spinne in der Hand und hat sechs Finger!
**7:** Maria trägt Emres Geburtstagskrone mit der Nummer 7.
Er ist aber erst fünf geworden.
**8:** Emre trägt Kaishas Perlenkette und es fehlen zwei Perlen.
**9:** Lenas Tafel hat die Zahl 9 drauf. Das stimmt!
**10:** Die Spinne in Pauls Hand hat zehn Beine,
dabei hat eine Spinne immer acht Beine.

## Avez-vous trouvé toutes les erreurs dans le rêve de Paul ?

**1:** Il n'y a qu'une cerise au lieu de deux.
**2:** Le chiffre sur le maillot de Paul est le 2 au lieu du 6.
**3:** Les jumelles Lena et Lisa sont des triplées dans le rêve de Paul.
**4:** Emre a quatre yeux au lieu de deux.
**5:** Maria n'a plus dix taches de rousseur mais seulement cinq.
**6:** Paul a une araignée sur la main et il a six doigts !
**7:** Maria porte la couronne d'anniversaire d'Emre avec le numéro 7.
Mais il vient seulement d'avoir 5 ans.
**8:** Emre porte le collier de perles de Kaisha
et il manque deux perles.
**9:** Le chiffre 9 est écrit sur le tableau de Lena. C'est juste !
**10:** L'araignée dans la main de Paul a dix pattes,
mais les araignées ont toujours huit pattes.